BEI GRIN MACHT SICH IHR WISSEN BEZAHLT

- Wir veröffentlichen Ihre Hausarbeit, Bachelor- und Masterarbeit

- Ihr eigenes eBook und Buch - weltweit in allen wichtigen Shops

- Verdienen Sie an jedem Verkauf

Jetzt bei www.GRIN.com hochladen und kostenlos publizieren

Bibliografische Information der Deutschen Nationalbibliothek:

Die Deutsche Bibliothek verzeichnet diese Publikation in der Deutschen Nationalbibliografie; detaillierte bibliografische Daten sind im Internet über http://dnb.d-nb.de/ abrufbar.

Dieses Werk sowie alle darin enthaltenen einzelnen Beiträge und Abbildungen sind urheberrechtlich geschützt. Jede Verwertung, die nicht ausdrücklich vom Urheberrechtsschutz zugelassen ist, bedarf der vorherigen Zustimmung des Verlages. Das gilt insbesondere für Vervielfältigungen, Bearbeitungen, Übersetzungen, Mikroverfilmungen, Auswertungen durch Datenbanken und für die Einspeicherung und Verarbeitung in elektronische Systeme. Alle Rechte, auch die des auszugsweisen Nachdrucks, der fotomechanischen Wiedergabe (einschließlich Mikrokopie) sowie der Auswertung durch Datenbanken oder ähnliche Einrichtungen, vorbehalten.

Impressum:

Copyright © 2017 GRIN Verlag
Druck und Bindung: Books on Demand GmbH, Norderstedt Germany
ISBN: 9783668674400

Dieses Buch bei GRIN:

https://www.grin.com/document/418387

Ina Kasper

Trainingsplan für ein Ausdauertraining mit dem Ziel einen Marathon zu laufen

GRIN Verlag

GRIN - Your knowledge has value

Der GRIN Verlag publiziert seit 1998 wissenschaftliche Arbeiten von Studenten, Hochschullehrern und anderen Akademikern als eBook und gedrucktes Buch. Die Verlagswebsite www.grin.com ist die ideale Plattform zur Veröffentlichung von Hausarbeiten, Abschlussarbeiten, wissenschaftlichen Aufsätzen, Dissertationen und Fachbüchern.

Besuchen Sie uns im Internet:

http://www.grin.com/

http://www.facebook.com/grincom

http://www.twitter.com/grin_com

Deutsche Hochschule für
Prävention und Gesundheitsmanagement
Hermann Neuberger Sportschule 3
66123 Saarbrücken

Einsendeaufgabe

Fachmodul: Trainingslehre 2

Studiengang: Bachelor of Arts - Fitnessökonomie

Datum Präsenzphase: 17.05.2017 – 19.05.2017

Name, Vorname: Kasper, Ina

Semester: WS 2015

Inhaltsverzeichnis

1 DIAGNOSE 3

   1.1 Allgemeine und biometrische Daten 3

      1.1.1 Bewertung des Blutdruck 115/70 mmHg 4

      1.1.2 Bewertung des Ruhepuls 48 S/min 5

      1.1.3 Bewertung des Body-Mass-Index (BMI): 18,8 kg/m² und Körperfettanteil von 17 % 5

   1.2 Leistungsdiagnostik/Ausdauertestung 5

   1.3 Gesundheits- und Leistungsstatus der Person 7

2 ZIELSETZUNG/PROGNOSE 8

3 TRAININGSPLANUNG MESOZYKLUS 9

   3.1 Grobplanung 9

   3.2 Detailplanung Mesozyklus 9

   3.3 Begründung zum Mesozyklus 12

4 LITERATURRECHERCHE 15

   4.1 Effekte des Ausdauertrainings bei arterieller Hypertonie 1 15

   4.2 Effekte des Ausdauertrainings bei arterieller Hypertonie 2 16

5 LITERATURVERZEICHNIS 17

6 TABELLENVERZEICHNIS 18

   6.1 Tabellenverzeichnis 18

1 Diagnose

Bevor für das Ausdauertraining ein Trainingsplan erstellt wird, beginnt man zuerst mit einer Diagnose nach dem Fünf-Stufenmodell der Trainingssteuerung (Eifler & Kettenis, 2016, S.40). Dies umfasst die persönlichen Daten, sowie der Leistung und Gesundheitsparametern, um so den aktuellen Ist-Zustand der Person zu ermitteln. Mit Hilfe der Trainingssteuerung wird ein Soll-Zustand angestrebt. Alle Daten sind in dem folgenden Abschnitt in der Tabelle zusammengefasst.

1.1 Allgemeine und biometrische Daten

Tab. 1: Allgemeine und biometrische Daten

Allgemeine Daten:	
Datum:	19.05.2017
Alter:	24 Jahre
Geschlecht:	Weiblich
Körpergröße:	1,68 m
Körpergewicht:	53 kg
Körperfettanteil:	17 %
Berufliche Tätigkeit:	Duales Studium zum Fitnessökonom (EMS-Studio), Tätigkeit: Service direkt am Kunden, Personaltraining. 90% stehende Tätigkeit. Umfang: 40 Std. pro Woche
Trainingsmotive:	1. Marathon 2. Körperfettanteil reduzieren 3. Verbesserung der Ausdauerleistungsfähigkeit
Frühere sportliche Aktivitäten	12 Jahre aktive Fußball gespielt bis zum 23 Lebensjahr (Landesliga) (3× pro Woche Training + 1 Spiel)
Aktuelle sportliche Aktivitäten:	Krafttraining seit 2 Jahren (3× pro Woche + 1× pro Woche EMS-Training), Freizeitlaufen (Outdoor + Indoor) seit 4 Jahren (2× pro Woche)
Leistungsstufe:	Geübt

Trainingsumfang:	Montag: EMS-Training (20 min. Krafttraining)
	Dienstag: 11 km in 60 min. laufen (Indoor)
	Mittwoch: 60 min. Krafttraining
	Donnerstag: 60 min. Krafttraining
	Samstag: 90 min. Krafttraining
	Sonntag: 13 km in 75 min. Laufen (Outdoor)
Zeitlichen Verfügungsrahmen:	Keine Begrenzung, ein Training wäre zeittechnisch jede Mittagspause (ca. 2 Std.) möglich sowie den ganzen Sonntag
Biometrische Daten:	
Blutdruck:	115/70 mmHg
Ruhepuls:	48 S/min
Body-Mass-Index:	≈18,8 kg/m²
Orthopädische/ Internistische Probleme:	Keine
Zurzeit in ärztliche Behandlung:	Nein
Einnahme von Medikamente:	Nein
Sonstige gesundheitliche Einschränkungen:	Nein

1.1.1 Bewertung des Blutdruck 115/70 mmHg

Anhand der Blutklassifikation der American Heart Association liegt der Blutdruck von der Testperson im optimalen Bereich, da der systolische Blutdruck von 115 mmHg unter 120 mmHg und der diastolische Blutdruck von 70 mmHg unter 80 mmHg liegt. Daraus kann man erschließen, dass die Testperson voll belastbar ist.

Tab. 2: Blutdruckklassifikation der American Heart Association (Eifler, 2015, S. 273)

Bewertungsstufen	Systolischer Blutdruck	Diastolischer Blutdruck
Normblutdruck (Normotonie)		
Optimal	< 120 mmHg	< 80 mmHg
Normal	< 130 mmHg	< 85 mmHg
Hochnormal	130 – 139 mmHg	85 – 89 mmHg
Bluthochdruck (arterielle Hypertonie)		
Stufe 1	140 – 159 mmHg	90 – 99 mmHg
Stufe 2	160 179 mmHg	100 – 109 mmHg
Stufe 3	> 180 mmHg	> 110 mmHg

1.1.2 Bewertung des Ruhepuls 48 S/min

Die Testperson ist ein überdurchschnittlich bis gut trainierter Sportler und hat daher ein Ruhepuls von 48 S/min. Nach Weineck liegt der Normalbereich für den Ruhepuls zwischen 60 und 80 Schläge pro Minute.

1.1.3 Bewertung des Body-Mass-Index (BMI): 18,8 kg/m² und Körperfettanteil von 17 %

Anhand des Body Mass Index (BMI) lässt sich bewerten ob die Person ein normales Körpergewicht hat oder ein zu hohes bzw. zu niedriges. Hierbei wird die Körpergröße und das Körpergewicht zueinander in Beziehung gesetzt (Luppa, 2016, S.23). Die Testperson hat ein BMI von 18,8 kg/m² (Tab.3) und liegt somit im Normalbereich.

Tab. 3: Klassifizierung des Body-Mass-Index (BMI) (World Health Organization, 2000)

Klassifikation	BMII Wert (kg/m²)
Untergewicht	< 18,5
Normalgewicht	18,5 – 24,9
Übergewicht	25,0 – 29,9
Adipositas Grad 1	30,0 – 34,9
Adipositas Grad 2	35,0 – 39,9
Adipositas Grad 3	> 40

Bei der Körperfettanalyse mittels der Bioimpedanzanalyse ist das Ergebnis 17%. Der Wert ist für die Frau bis 25 Jahre als „niedrig" einzustufen (Gallagher et al., 2000, zitiert nach Luppa, 2016, S.32). Bei Unterschreitung von 10-12 % Körperfett kann es bei Frauen zu grundlegende und physiologische Gesundheitsschäden kommen, wie z.B. das Ausbleiben der Menstruation (Luppa, 2016, S. 32).

1.2 Leistungsdiagnostik/Ausdauertestung

Für das bevorstehende Testverfahren gilt es einen geeigneten Ausdauertest auf dem Fahrradergometer auszuwählen. Aufgrund der Auswertung der biometrischen Daten wurde der Hollmann/Venrath-Test ausgewählt. Denn der Zustand der Testperson liegt im normalen Bereich, wodurch eine gute Belastung auf den Organismus möglich ist. Außerdem hat die Testperson vor zwei Jahren in der Landesliga Fußball gespielt und geht zweimal in der Woche laufen. Somit verfügt die Testperson eine mittelmäßige bis gute körperliche Belastbarkeit. Daher ist der Hollmann/Venrath – Ausdauertest, der eine Belastbarkeit von mindestens 150 Watt voraussetzt (Kettenis & Eifler, 2016, S. 72), ein geeignetes Testverfahren. In dem Fall können die Steady-State-Bedingungen durch die längere Belastungsdauer der einzelnen Stufen besser erreicht werden. Eine andere Möglichkeit ist der WHO-Test, der aber für untrainierte, ältere und übergewichtige Personen gedacht ist (Kettenis & Eifler, 2016, S. 70). Die Durchführung eines Vita-Maxima-Test wäre eine weitere Möglichkeit, aber dieser ist für Leistungssportler geeignet, welche bereit sind, an ihre körperlichen Grenzen zu gehen (Kettenis & Eifler, 2016, S. 79-80).

Bei dem ausgewählten Ausdauertest handelt es sich um einen submaximalen Fahrradergometerstufentest. Die Eingangsstufe liegt bei 30 Watt und wird alle drei Minuten um jeweils 40 Watt erhöht. Gleichzeitig wird nach jeder Minute die Herzfrequenz der Testperson gemessen und im Ergebnisprotokoll eingetragen. Die Trittfrequenz liegt während des gesamten Ergometertest zwischen 60-80 U/min. Ist die Zielherzfrequenz, die nach der IPN-Methode berechnet wird, von 140 S/min erreicht, so ist der Test beendet. Als Teststufe wird die zuletzt vollständige durchgeführte Belastungsstufe bei Erreichen der Pulsobergrenze verwendet. Bevor der Test durchgeführt wurde, hat sich die Testperson für ca. 5-7 min auf dem Laufband aufgewärmt. Zu den Ergometerstufentest wurde zusätzlich auch ein Lauftest durchgeführt, da die Testperson ein Läufer ist und Erfahrungen auf dem Laufband hat. Denn „eine gültige Übertragung der Ergebnisse auf das Training ist nur möglich, wenn der Test mit der Bewegungsstruktur der jeweiligen Sportart durchgeführt wurde" (Kettenis & Eifler, 2016, S. 95).

Tab. 4: Testprotokoll des Hollmann/Venrath-Test (Eigendarstellung)

Testdatum:	17.05.2017	**Testform:**	Submaximale Belastung (H & V Test)
Alter:	24 Jahre	**Testgerät:**	Fahrradergometertest
Geschlecht:	Weiblich	**Belastungsart:**	Stufentest
Gewicht:	53 kg	**Eingangsstufe:**	30 Watt
Ruhepuls:	48 S/min	**Stufendauer:**	3 min.
Blutdruck:	115/70 mmHg	**Belastungssteigerung:**	40 Watt
		Umdrehungszahl/min:	60-80 U/min
		Pulsobergrenze:	135 S/min + 5 S/min (Zielherzfrequenz nach IPN)
		Normbewertung:	Relative Watt-Soll-Leistung (Watt/kg KG)

Zeit in min.	Watt	Hf1 in S/min	Hf2 in S/min	Hf3 in S/min
0-3	30	80	81	84
4-6	70	90	95	101
7-9	110	114	120	125
10-12	150	130	135	140
13-15	190	145	-	-
Watt gesamt: 150		**Watt/Kg: 2,83**	**Bewertung:** ☺ ☺	

Die Tabelle 4 zeigt, dass die Testperson die vierte Belastungsstufe komplett durchfahren hat, bevor er das Abbruchkriterium erreichte. In der 13 Minute ist deutlich zu sehen, dass die Zielherzfrequenz überstiegen wurde.

Die Auswertung der Testergebnisse ergibt sich eine Watt-Soll-Leistung von 2,83 Watt/Kg Mit dieser Leistung liegt die Testperson über den Durchschnittsbereich, was sich gegenüber dem interindividuellen Leistungsvergleich und den Vorgaben aus der Normtabelle, Relative Watt-Soll-Leistung für Frau, bei submaximalen Radergometertests (Kettenis & Eifler, 2016, S. 77) ergab. Der Test ergab eine konkrete und aussagekräftige Grundlage zur weiteren Trainingsplanung. Die Testperson ist 100 % belastbar. Mit dem IPN-Test lässt sich auch die individuelle Trainingsempfehlung ableiten. Mit der erbrachten Watt-Soll-Leistung lässt dich der entsprechende Intensitäts- bzw. Belastungsfaktor von 0,67 ermitteln, welcher anschließend zur Berechnung der Trainingsherzfrequenz verwendet wird.

1.3 Gesundheits- und Leistungsstatus der Person

Die Testperson weißt keine gesundheitlichen Einschränkungen auf und sowohl der Ruhepuls als auch der Blutdruck liegen in einen sehr guten Bereich, was auf einen bereits guten Zustand der Ausdauerleistung hindeutet. Mit dem dargestellten Testverlauf kann das Ergebnis mit der Tabelle von Norm-Soll-Leistung verglichen werden. Anhand der Tabelle lässt sich erkennen, dass die Testperson eine gute Ausdauerleistungsfähigkeit besitzt. Das kann dadurch begründet werden, dass die Testperson zweimal in der Woche laufen geht. Ein Vorteil für die weitere Planung ist die, dass die Testperson vor zwei Jahren regelmäßig im Verein Fußball gespielt hat. Damit kann der Einstieg in das Ausdauerprogramm „leichter" gewährleistet werden. Wie im vorherigen Abschnitt erwähnt wurde, kann man anhand der Norm-Soll-Leistungstabelle einen interindividuellen Vergleich zu anderen Personen ziehen aber auch einen intraindividuellen Vergleich nutzten.

Mit der Durchführung von Re-Tests können Leistungsfortschritte transparent gemacht werden.

2 Zielsetzung/Prognose

Im diesem Abschnitt folgt die Zielsetzung der Trainingssteuerung. Anhand der Zielsetzung wird für die Testperson ein entsprechendes individuelles Trainingsplan erstellt. Die gesetzten Ziele sollten realisierbar für die Testperson sein, um zu verhindern, dass kein vorzeitiger Trainingsabbruch vollzogen wird. Mit dem Zielen wird eine kontinuierliche Leistungssteigerung gewährleistet.

1. Das Hauptziel für die Testperson ist eine Teilnahme an einem Marathon über eine Strecke von 42 km. Da die Testperson eine gewisse Grundlage an Ausdauer besitzt, benötigt sie für die Vorbereitung ungefähr ein Jahr. Bei dem ersten Marathon ist es für die Person nicht wichtig die Zielzeit, sondern die Freude an dem Erlebnis im Vordergrund stehen. Obwohl die Zeit nicht im Vordergrund stehen soll, ist es trotzdem für den ersten Marathon wichtig, eine realistische Einschätzung der erreichbaren Zielzeit zu haben. Denn wenn die Testperson ihre Zeit falsch einschätzen würde und schneller ins Rennen startet, kann es gut möglich sein das sie im letztem Streckenabschnitt einen Einbruch erleidet und eine schlechte Zeit läuft, als erhofft. Da sie für 11 km Laufen 60 min benötigt, könnte sie durchaus für den Marathon ungefähr bisschen über vier Stunden brauchen.

2. Ein weiteres Motiv wurde die Reduzierung des Körperfettanteiles genannt. Zurzeit liegt der Körperfettanteil bei der Testperson um die 17 %. Dieser Wert befindet sich im absoluten gesundheitlichen Bereich. Ihr Wunsch ist es um die 3% an Körperfettanteil zu verlieren um eine dadurch entstehende verbesserte Ästhetik zu bekommen. Unter Fettabbau versteht man einen langfristigen Prozess der Körpergewichtsreduktion durch eine Verringerung des Körperfettanteils. Daher ist es realistisch „eine Körperfettreduktion um 250-500g pro Woche „(Eifler, 2015, S.42) zu senken. In 12 Wochen würde die Testperson 2,4 kg Körperfett reduzieren können. Zusätzlich ist die Ernährung auf die Zielsetzung abgestimmt

3. Als letztes Ziel soll die Ausdauerleistung innerhalb 1 Stunde verbessert werden. Derzeitig schafft die Testperson 11 km in 60 min bei einer Laufgeschwindigkeit von 11km/h und wünscht sich 12 km in einer Stunde. Pro Kilometer sollte sie ungefähr 5 min brauchen bei einer Geschwindigkeit von 12 km/h.

3 Trainingsplanung Mesozyklus

3.1 Grobplanung

Tab. 5: Grobplanung eines Mesozyklus für die Testperson (Eigendarstellung)

Dauer des Mesozyklus:	6 Wochen
Trainingsziel:	Stabilisierung und Entwicklung der Grundlagenausdauer Verbesserung der aeroben Fitness Reduzierung von Körperfett
Belastungsumfang/Woche:	2-3 Stunden
Trainingsmethode(n):	Extensive Dauermethode Variable Dauermethode Intensive Dauermethode Extensive Intervallmethode
Belastungsintensität(en):	55-60 % Hf_{max} (regenerativ) 60-80 % Hf_{max} (extensiv) 65-85 % Hf_{max} (variable) 80-85 % Hf_{max} (intensive) 85-90 % Hf_{max} (extensive IM)
Puls Ober- und Untergrenze (ACSM-Formel):	Regenerativ: 108-118 S/m Extensiv: 118-157 S/m Variable: 127-167 S/m Intensive: 157-167 S/m Extensive IM: 167-176 S/m
Trainingshäufigkeit/ Woche:	3-mal
Trainingsdauer pro Trainingseinheit:	30 min (regenerativ) 40-90 min (extensiv) 40-50 min (variable) 45 min (intensiv) 40-45 min (extensiv IM)
Ausdauertrainingsgeräte/ Bewegungsformen:	Laufband, Laufen (Outdoor), Crosstrainer

3.2 Detailplanung Mesozyklus

Die individuelle Belastungsdosierung wurde mit Basis des Ausdauertest und mit Hilfe der ACSM-Formel vorgenommen. Vor jedem Training ist das Aufwärmen (Warm-up) ein Bestandteil, um Verletzungen vorzubeugen und höhere Leistungsfähigkeit zu erreichen. Der Organismus ist ohne Anlaufzeit nicht „betriebsbereit". Mit dem Aufwärmen wird die Körpertemperatur erhöht und das Herz-Kreislauf-System mobilisiert, um Verletzungen zu vermeiden. Außerdem führt das Aufwärme zu psychische Einstimmung auf das Training. Das Warmlaufen sollte ca. 5-10 min Dauern, bei einer Herzfrequenz von ca. 160 Schläge pro Minute abzüglich Lebensalter (Eifler, 2015, S. 50). Nach jeder Trainingseinheit wird ein 10-15-minütiges Auslaufen durchgeführt um den Abbau von Stoffwechselprodukten zu beschleunigen, die Regenerationszeit zu verkürzen und die Kreislauffunktion herunter zu regulieren.

Tab. 6: Darstellung eines 6-wöchigen Mesozyklus für die Testperson zur Stabilisierung der Grundlagenausdauer

Woche 1	Dienstag	Freitag	Sonntag
Trainingsziel	GA1	GA2	GA1
Trainingsmethode	extensive DM	variable DM	extensive DM
Belastungsintensität	70-75 % Hf_{max}	70-75 % Hf_{max} (extensiv) 80-85 % Hf_{max} (intensiv)	60-65 % Hf_{max}
Herzfrequenzen	137-147 S/m	137-147 S/m 157-167 S/m	118-127 S/m
Trainingsdauer	60 min	45 min (5:5)	40 min
Trainingsgerät	Laufen (Outdoor)	Laufband (Indoor)	Crosstrainer
Woche 2	**Dienstag**	**Freitag**	**Sonntag**
Trainingsziel	GA1	GA2	GA1
Trainingsmethode	extensive DM	variable DM	extensive DM
Belastungsintensität	70-75 % Hf_{max}	70-75 % Hf_{max} (extensiv) 80-85 % Hf_{max} (intensiv)	60-65 % Hf_{max}
Herzfrequenzen	137-147 S/m	137-147 S/m 157-167 S/m	118-127 S/m
Trainingsdauer	65 min	50 min (5:5)	45 min
Trainingsgerät	Laufen (Outdoor)	Laufband (Indoor)	Crosstrainer
Woche 3	**Dienstag**	**Freitag**	**Sonntag**
Trainingsziel	GA1	GA2	REKOM
Trainingsmethode	extensive DM	intensive DM	extensive DM
Belastungsintensität	65-70 % Hf_{max}	80-85 % Hf_{max}	55-60 % Hf_{max}
Herzfrequenzen	127-137 S/m	157-167 S/m	108-118 S/m

Trainingsdauer	90 min	45 min	30 min
Trainingsgerät	Laufen (Outdoor)	Laufband (Indoor)	Crosstrainer
Woche 4	**Dienstag**	**Freitag**	**Sonntag**
Trainingsziel	GA1	GA1/2	GA1
Trainingsmethode	extensive DM	variable DM	extensive DM
Belastungsintensität	65-70 % Hf$_{max}$	65-70 % Hf$_{max}$ (extensiv) 75-80 % Hf$_{max}$ (intensiv)	60-65 % Hf$_{max}$
Herzfrequenzen	127-137 S/m	127-137 S/m 147-157 S/m	118-127 S/m
Trainingsdauer	60 min	40 min (10:10)	45 min
Trainingsgerät	Laufband (Indoor)	Laufen (Outdoor)	Crosstrainer
Woche 5	**Dienstag**	**Freitag**	**Sonntag**
Trainingsziel	GA1	GA2	GA1
Trainingsmethode	extensive DM	extensive IM mit MZI	extensive DM
Belastungsintensität	75-80 % Hf$_{max}$	85-90 % Hf$_{max}$	60-65 % Hf$_{max}$
Herzfrequenzen	147-157 S/m	167-176 S/m	118-127 S/m
Trainingsdauer	65 min	10 Intervalle á 2 Minuten Lohnende Pause: Hf-Abfall <120-130 S/min 40 min (inklusiven Pausen)	45 min
Trainingsgerät	Laufen (Outdoror)	Laufband (Indoor)	Crosstrainer
Woche 6	**Dienstag**	**Freitag**	**Sonntag**
Trainingsziel	GA1	GA2	GA1
Trainingsmethode	extensive DM	extensive IM mit MZI	extensive DM
Belastungsintensität	75-80 % Hf$_{max}$	85-90 % Hf$_{max}$	60-65 % Hf$_{max}$
Herzfrequenzen	147-157 S/m	167-176 S/m	118-127 S/m
Trainingsdauer	70 min	12 Intervalle á 2 Minuten Lohnende Pause: Hf-Abfall <120-130 S/min 45 min (inklusiven Pausen)	50 min
Trainingsgerät	Laufen (Outdoor)	Laufband (Indoor)	Crosstrainer

3.3 Begründung zum Mesozyklus

Der Mesozyklus (Tab. 6) erstreckt sich über einen Zeitraum von sechs Wochen. Der Trainingsschwerpunkt liegt in der Stabilisierung und Entwicklung der Grundlagenausdauer. Der angestrebte wöchentliche Belastungsumfang des Mesozyklus besteht aus ca. 3 Stunden Ausdauertraining, verteil auf drei Trainingseinheiten in der Woche. Da die Testperson zweimal in der Woche laufen geht und früher beim Fußballsport drei Trainingseinheiten pro Woche hatte, findet die Person einen leichten Einstiegt in den Plan. Nach drei Wochen mit ansteigender und hoher Belastung folgt eine Entlastungswoche, in der dem Organismus Zeit für die Verarbeitung der Reize geben wird und zusätzlich der Organismus funktional und morphologisch an das Training angepasst wird. Im dem Mesozyklus wurde ein Belastungs-/ Entlastungsverhältnis von 3:1 gegeben. In der vierten Woche wurde die Belastung reduziert. Damit kein Verlust an aktiver Muskelmasse entsteht, wird das Krafttraining für die Testperson weiterhin durchgeführt. Der Gesamtumfang in der ersten Woche liegt bei 145 min. Dieser Umfang liegt nur um 10 min über dem Umfang, wie die Testperson sich vorher belastet hat. Zusätzlich wird damit der Einstieg in den Trainingsplan leichter gemacht. In der zweiten Woche beträgt die Trainingszeit 160 min, in der dritten Woche 165 min und in der vierten Woche 145 min. In der fünften und sechsten Woche wird die Trainingsdauer von 150 min auf 165 min gesteigert. Als progressive Belastungssteigerung wurde eine Erhöhung der Belastungsdauer von Woche zu Woche um etwa 10 % erhöht.

Die Angaben zu den Laktatschwellen haben allgemeine Gültigkeit, Herzfrequenz bzw.- Geschwindigkeitsangaben sind individuell möglich, da die vom Leistungs- und Trainingszustand abhängen.

Die GA1 (Grundlagenausdauerbereich 1) -Trainingseinheiten in jeder Woche dienen zur Stabilisierung der Grundlagenausdauer und sollte daher ca. 70 % des Trainings erfolgen. Die Testperson startet mit der extensive Dauermethode (Ext. DM). Dies ist das Grundgerüst des wöchentlichen Trainingsumfangs und dabei wird das gesamte Intensitätsspektrum abgedeckt (60-80 % Hf_{max}). Die Belastungsintensität bleibt während der gesamten Zeit konstant und darf nicht über der anaeroben Schwelle liegen, da es sonst zur schnellen Ermüdung kommen könnte (Grosser, Starischka, Zimmermann, 2008, S.132). Gegen der extensive Dauermethode hat der Regenerationsbereich (REKOM) eine niedrige Belastungsintensität, um die Regeneration aktiv zu unterstützen und eine Erhöhung der Belastbarkeit für nachfolgende intensive Trainingseinheiten zu schaffen. Dabei wird kein Laktat produziert. Dieser Bereich findet ausschließlich unter der aeroben Schwelle statt, bei einem Laktatspiegel unter 2 mmol/l. Bei hoher intensiven Belastungen bildet sich Laktat in der Zelle und im Blut. Diese Übersäuerung der Zelle verringert die Aktivität der Glykolyseenzyme und auch die Anhäufung von Laktat bremst die Stoffwechselkette. Dies führt dazu das weniger ATP gebildet wird und dadurch die Muskelzelle kaum noch kontrahieren kann (Grosser, Starischka, Zimmermann, 2008, S. 122-123). Im GA2-Bereich ist die Belastungsintensität im aerob-anaeroben Mischbereich, bei dem der Laktatwert von 3-6 mmol/l liegt (Grosser, Starischka, Zimmermann, 2008, S.114). Hierbei wurde die extensive, variable und intensive Dauermethode sowie die intensive Intervallmethode bevorzugt. Die Trainingsintensitäten liegen zwischen 75-90 Hf_{max}. Die Belastungsdauer beträgt je nach Bewegungsmethode zwischen 20 bis 50 min (Neumann et al., 2007, S. 131). Nach jeder Trainingseinheit mit hohen Laktatkonzentration wird eine Regerationseinheit eingeführt um Stoffwechselprodukte abzubauen. Bei längere Belastungsdauer mit regenerative Trainingseinheit kann es zur Schwächung des Immunsystems führen und eine erhöhte Infektionsanfälligkeit. Einmal pro Woche wird ein Fettstoffwechseltraining von ca. 60-90-minütiger Dauer und moderater Belastungsintensität durchgeführt. Die variable Dauermethode ist ein planmäßiger Wechsel der Belastungsintensität. Hierbei findet eine Anpassung des Herz-Kreislauf-System und Skelettmuskulatur statt. Außerdem wird die Umstellung der Energiebereitstellung verbessert und die Laktatkompensation und -elimination. Denn nach der Phase mit einer Intensität über der anaeroben Schwelle folgt eine Phase mit einer Intensität unterhalb der anaeroben Schwelle, in dieser Phase kann das Laktat im Blut abgebaut werden (Grosser, Starischka, Zimmermann, 2008, S.133). Dies führt zur verbesserten Umstellung zwischen aerober und anaerober Energiebereitstellung. Hierbei liegt die Trainingsintensität zwischen 75-85 % Hf_{max}. Denn ständig gleichartige Belastungsreize führen zu einer reduzierten Reizverarbeitung. Deswegen wurde unterschiedliche Belastungsreize im Trainingsplan der Testperson eingesetzt, um auch den Spaß und die Motivation am Training aufrechtzuerhalten. Aufgrund des Trainingszustands der Testperson wurde in der dritten, fünften und sechste Woche die Belastungsintensität erhöht. Als Ziel wurde Körperfettreduktion angegeben. Um dieses Ziel erreichen zu können wurde die intensive Dauermethode und die extensive Intervallmethode verwendet. Im Gegensatz zur extensiven Dauermethode hat die intensive Dauermethode eine höhere Belastungsintensität (80-85 % Hf_{max}) und hat demensprechend eine geringe Belastungsdauer von 30-60 min, da sich Laktat bildet (3-4 mmol/l) (Grosser, Starischka, Zimmermann, 2008, S.133). Bei der extensiven Dauermethode wird vor allem mit der aeroben Energiegewinnung aus Fetten verbessert. In Gegensatz dazu wird bei der intensiven Dauermethode die aerobe Energiegewinnung aus Kohlenhydrate verbessert. Weitere Wirkungen der Trainingsmethode sind:

- Entwicklung des Herz-Kreislauf-System,
- Vergrößerung der Zahl von Kapillaren pro Muskelfaser dadurch entsteht eine verbessert der Muskeldurchblutung,
- Verbesserung des aeroben Stoffwechsels und
- Ausschöpfung der Glykogenspeicher.

Die Ziele sind, die aeroben Kapazität zu erweitern, die anaeroben Schwellen anzuheben, den Glykogenspeicher zu vermehren und den Laktatspiegel im Blut widerstandsfähig zu machen. Insgesamt wird durch dieses Trainingsprogramm die allgemeine aerobe Ausdauer verbessert. Je höher die anaerobe Schwelle und damit die aerobe Ausdauer ist, desto höher ist die mittlere Leistung das über einen längeren Zeitraum aufrechterhalten werden kann. Dies benötigt die Testperson für ihr Ziel, den Marathon zu durchlaufen. Durch regelmäßiges Überschreiten einer Belastungsschwelle, kommt es zu morphologischen und funktionellen Anpassungserscheinungen, die den Trainingseffekt ausmachen.

Um die Anpassungserscheinungen von der extensiven Dauermethode zu stabilisieren bzw. zu verbessern werden zusätzlich extensiven Intervallmethode mit Mittelzeitintervallen benötigt. Dadurch entwickelt sich die Leistungsfähigkeit in höheren Leistungsbereichen. Die Belastungsintensität (85-90 % Hf_{max}) liegt Oberhalb der anaeroben Schwelle. Zwischen den einzelnen Belastungen wird keine vollständige Erholung abgewartet. Dies nennt sich „lohnende Pause". Die Belastungsdauer der Einzelintervalle für die Testperson liegt bei 2 Minuten und die Länge der Intervallpausen richtet sich nach dem Abfall der Herzfrequenz (< 130-120 S/min; lohnende Pause). Es werden insgesamt 10 Belastungen in der fünften Woche durchgeführt und in der sechsten Woche wird die Häufigkeit der Belastung auf zwölf Intervalle gesteigert. Innerhalb der einzelnen Belastungen bildet sich Laktat (4-7 mmol/l) an. Diese Menge kann in der „lohnende Pause" nicht vollständig abgebaut werden. Dies führt im Laufe der Gesamtbelastung zu einer Laktatakkumulation. Durch die intensive Beanspruchung werden einzelne Organsysteme in ihrer Funktion erweitert. Die Trainingswirkung der extensive Intervallmethode führt zur:

- Verbesserung des Herz-Kreislauf-Funktion,
- Verbesserung der O_2-Ausnutzung durch Kapillarisierung und durch Zunahme der Mitrochondrinzahl,
- Verbesserung des aeroben Stoffwechsels unter Glykogennutzung
- Verbesserung der Kapillarisierung und

- Verbesserung der Laktatelimination.

Ziel der extensiven Intervallmethode ist es, die aerobe Kapazität zu erweitern. Dies führt nicht nur zur einer gute Ausdauerleistungsfähigkeit des Herz-Kreislauf-System, sondern auch eine gute Leistungsfähigkeit der Muskulatur (Grosser, Starischka, Zimmermann, 2008, S.135).

Als Trainingsgerät wurde das Laufband ausgewählt, da hier die Anforderungen des Intervalltrainingsprogramms relativ gut umgesetzt werden können. Außerdem ist die Testperson mit dem Laufband und mit der Lauftechnik auf Grund seiner jahrelangen Trainingserfahrung bestens vertraut. Die Bewegungsform des Laufens bietet den höchsten cardiopulmonalen Trainingseffekt. Um etwas Abwechslung in das Training zu bringen, erhält die Testperson eine Einweisung in das Gerätehandling des Crosstrainers und geht einmal pro Woche Draußen laufen, da die Testperson dies zuvor gemacht hat. Das Training im Outdoorbereich wird bei Höhe der Belastungsintensität über die Wahl der Laufgeschwindigkeit dosieren und mit Hilfe eines Pulsmessers kontrollieren. Die Trainingseinheiten mit den intensiven Belastungen wird auf dem Laufband durchgeführt, da dies besser zu kontrollieren ist und die Testperson es zuvor Erfahrungen draufhat

4 Literaturrecherche

4.1 Effekte des Ausdauertrainings bei arterieller Hypertonie 1

Tab. 7: „Auswirkung von aerobem Training der oberen Extremitäten auf Herz und Gefäße bei Bluthochdruckpatienten"

Verfasser:	Timm H. Westhoff, Sven Schmidt, Viola Gross, Marian Joppke, Walter Zidek, Markus van der Giet, Fernando Dimeo
Erscheinungsjahr:	2008
Versuchspersonen:	24 Patienten (13 weiblich, 11 männlich) mit mindestens 140 mmHg systolische Bluthochdruckmesswert und/oder gegenwärtige Behandlung von Bluthochdruck • Trainingsgruppe (12 Patienten) • Kontrollgruppe (12 Patienten)
Versuchsaufbau und Durchführung:	Vor und nach der Beobachtungsphase wurden ein Ergometertraining der unteren und oberen Extremitäten, Bluthochdruckmessungen, Bewertung der Endothelfunktion und Messung der Gefäßwandelas-

	tizität durchgeführt. Das Trainingsprogramm mit einer Arm-/Oberkörpertrainer wurde 12 Wochen, 3-mal pro Woche nach einer Intervallmethode, unter Kontrolle der Herzfrequenz und einer anvisierten Milchsäurekonzentration von 2,0 ± 0,5 mmol/l durchgeführt. Der Zeitraum der Belastungsphase von den Intervallen wurden von Woche zu Woche erhöht. Währenddessen wurde die Herzfrequenz und der Bluthochdruck kontrolliert. Am jedem dritten Trainingstag fand eine Kontrolle der Laktatkonzentration statt.
Ergebnis und Schlussfolgerung:	Das Ergebnis des Trainingsprogramm ergab, dass eine signifikante Senkung des systolischen (134,0 ± 20,0 bis 127,0 ± 16,4 mmHg) und diastolischen Blutdrucks (73,0 ± 21,6 bis 67,1 ± 8,2 mmHg) ergab und eine deutliche Verbesserung der Füllung von kleinen und großen Gefäßen zu sehen waren. Die maximale Belastungsfähigkeit der oberen Extremitäten nahm zu. Bei der Kontrollgruppe gab es keine Veränderung des Blutdrucks und vaskuläre Parameter. Schlussfolgernd kann man bewerten, das durch aerobes Training der oberen Extremitäten deutlich der systolische und diastolische Blutdruck singt. Dadurch ist dieses Training sehr sinnvoll für Menschen, die ihren Blutdruck kontrollieren möchten trotz Hüft- oder Kniegelenkarthrose, oder Schaufensterkrankheit.

4.2 Effekte des Ausdauertrainings bei arterieller Hypertonie 2

Tab. 8: „Auswirkung von Ausdauer-vs. Krafttraining vs. Der Kombination Ausdauer-/Krafttraining auf die systemische Hämodynamik, Gefäßelastizität sowie Herzfrequenzvariabilität bei Patienten mit arterieller Hypertonie"

Verfasser:	Anna Lena Bickenbach, Andrea Solera, Hans G.Predel, Klaus Baum,
Erscheinungsjahr:	2011
Versuchspersonen:	55 therapienaive Hypertoniepatienten (42 Männer, 13 Frauen, 54,7 ± 10,4 Jahre, 175,3 ± 8,3cm, 87,3 ± 14,7 kg)

Versuchsaufbau und Durchführung:	Die 55 Probanden wurden einer ärztlichen Untersuchung unterzogen. Bei dem eine 24-Stunden-Blutdruckanalyse, HRV-Analyse sowie eine Bestimmung der Gefäßelastizität durchgeführt wurde. Nach der Untersuchung wurden die Probanden in vier Gruppen eingeteilt:
	   1. Ausdauertrainingsgruppe (AT)
	   2. Krafttrainingsgruppe (KT)
	   3. Ausdauer- und Krafttrainingsgruppe (AKT)
	   4. Kontrollgruppe
	Danach folgte das 12-wöchige Training mit je drei Einheiten pro Woche. Probanden absolvierten ihr Trainingsprogramm gemäß ihrer

	Gruppeneinteilung. Im Verlauf der zwölf Wochen wurde in allen Gruppen die Intensität und Dauer des Trainingsprogramms progressiv gesteigert. 1. Ausdauertraining: Das Ausdauertraining wurde auf einem Fahrradergometer durchgeführt 2. Krafttraining: Das Krafttraining wurde mit Krafttrainingsgeräte für die oberen und unteren Extremitäten durchgeführt (13 Übungen: Beinstrecker, Beinbeuger sitzend, Wadenheben sitzend, Bauch sitzend, Rückenstrecker sitzend, Latzug, Beinpresse, Ruderzug, Butterfly, Schulterpresse, Brustpresse, Armbeuger mit Kurzhantel, und Armstrecker mit Kurzhantel). An jeder Übung wurden jeweils 10 Wiederholungen gemacht und zwischen jeder Übung wurde eine Pause von 30 Sekunden durchgeführt. 3. Ausdauer- und Krafttraining: Die Teilnehmer führten beide beschriebenen Trainingsformen durch.
Ergebnis und Schlussfolgerung:	In allen drei Trainingsgruppen (AT, KT, AKT) wurde die körperliche Leistungsfähigkeit anhand der VO_2max erhöht. Der Blutdruck in der AT Gruppe reduzierte sich um -3,30 mmHg (2,35%), in der KT Gruppe um -4,90 mmHg (3,44%) und in der AKT Gruppe um -5,80 mmHg (4,18%). Schlussfolgernd kann man sagen, dass in der kombinierten Gruppe das beste Ergebnis hinsichtlich einer Blutdrucksenkung erzielt wurde.

5 Literaturverzeichnis

Bickenbach, A.-L. (2011). Auswirkungen von Ausdauer- vs. Krafttraining vs. der Kombination Ausdauer-/Krafttraining auf systemische Hämodynamik, Gefäßelastizität sowie Herzfrequenzvariabilität bei Patienten mit arterieller Hypertonie. Zugriff am 28.05.2017. Verfügbar unter http://esport.dshs-koeln.de/314/1/Formatvorlage_Diss_02052012.pdf

Dimeo, F., Gross, S., Joppke, Z., Markus van der Giet, Schmidt, S., Westhoff, T., Zidek, W. (2008). Auswirkungen von aerobem Training der oberen Extremitäten auf Herz und Gefäße bei Bluthochdruckpatienten. *Journal of Hypertension 2008, Vol 26 Nr. 7.*

Zugriff am 28.05.2017. Verfügbar unter http://www.motomed.com/fileadmin/user_upload/Studien/bluthochdruck_de_vt_westhoff_motomed_1.pdf

Eifler, C. (2015). *Studienbrief Medizinische Grundlagen*. Saarbrücken: Deutsche Hochschule für Prävention und Gesundheitsmanagement.

Eifler, C. (2015). *Studienbrief Trainingslehre 1 – Gesundheitsorientiertes Krafttraining*. Saarbrücken: Deutsche Hochschule für Prävention und Gesundheitsmanagement.

Eifler, C. & Kettenis, L. (2016). *Studienbrief Trainingslehre 2 - Gesundheitsorientiertes Krafttraining*. Saarbrücken: Deutsche Hochschule für Prävention und Gesundheitsmanagement.

Grosser, M., S. Starischka, E. Zimmermann (2008) Das Neue Konditionstraining. Sportwissenschaftliche Grundlagen, Leistungssteuerung und Trainingsmethoden, Übungen und Trainingsprogramme. BLV, München

Neumann, G., Pfützner, A. & Berbalk, A. (2007). *Optimiertes Ausdauertraining* (5. Überarb. Aufl.). Aachen: Meyer & Meyer.

6 Tabellenverzeichnis

6.1 Tabellenverzeichnis

Tab. 1: Allgemeine und biometrische Daten 3
Tab. 2: Blutdruckklassifikation der American Heart Association (Eifler, 2015, S. 273) 4
Tab. 3: Klassifizierung des Body-Mass-Index (BMI) (World Health Organization, 2000) 5
Tab. 4: Testprotokoll des Hollmann/Venrath-Test (Eigendarstellung) 6
Tab. 5: Grobplanung eines Mesozyklus für die Testperson (Eigendarstellung) 9
Tab. 6: Darstellung eines 6-wöchigen Mesozyklus für die Testperson zur Stabilisierung der Grundlagenausdauer 10
Tab. 7: „Auswirkung von aerobem Training der oberen Extremitäten auf Herz und Gefäße bei Bluthochdruckpatienten" 15
Tab. 8: „Auswirkung von Ausdauer-vs. Krafttraining vs. Der Kombination Ausdauer-/Krafttraining auf die systemische Hämodynamik, Gefäßelastizität sowie Herzfrequenzvariabilität bei Patienten mit arterieller Hypertonie" 16

BEI GRIN MACHT SICH IHR WISSEN BEZAHLT

- Wir veröffentlichen Ihre Hausarbeit, Bachelor- und Masterarbeit

- Ihr eigenes eBook und Buch - weltweit in allen wichtigen Shops

- Verdienen Sie an jedem Verkauf

Jetzt bei www.GRIN.com hochladen und kostenlos publizieren